Gotinhas

— DE —

Luz

Horivaldo Gomes

Gotinhas
—— DE ——
Luz

3ª edição

1ª reimpressão

PALLAS

Rio de Janeiro
2006

Copyright© 1994
Horivaldo Gomes

Produção Editorial
Pallas Editora

Capa
Renato Martins

Todos os direitos reservados à Pallas Editora e Distribuidora Ltda. É vedada a reprodução por qualquer meio mecânico, eletrônico, xerográfico etc., sem a permissão por escrito da editora, de parte ou totalidade do material escrito.

CIP-BRASIL. CATALOGAÇÃO-NA-FONTE.
SINDICATO NACIONAL DOS EDITORES DE LIVROS, RJ.

G614g 3ª ed. 1ª reimp.	Gomes, Horivaldo Gotinhas de Luz: a sabedoria dos mestres orientais em 365 pensamentos / Horivaldo Gomes - 3.ed. rev. e atualizada. - Rio de Janeiro: Pallas, 2006. ISBN 85-347-0098-2 1. Meditações. 1. Título.
96-0970	CDD 242 CDU 242

Pallas Editora e Distribuidora Ltda.
Rua Frederico de Albuquerque, 56 – Higienópolis
CEP 21050-840 – Rio de Janeiro – RJ
Telefax: (21) 2270-0186
www.pallaseditora.com.br | pallas@pallaseditora.com.br

AO NOVO HOMEM QUE ESTÁ PARA NASCER...

E A VERINHA E ÁRION, NARAYAN E RODRIGO, MEUS VAGA-LUMES...

"Que nossa gotinha de luz seja nosso guia, nossa proteção."

INTRODUÇÃO

Vislumbres e Ignorância

Certa vez vi um lindo jardim florido, luminoso, colorido e mágico. Como comecei a gaguejar sobre ele, me apedrejaram e disseram que eu só sabia gaguejar.

1

SABEDORIA DIVINA

Permite, Senhor, que nos libertemos das trevas, da ignorância e possamos encontrar a luz de sua sabedoria.

2

O SEGREDO DIVINO

Vítima de um sono profundo onde só Deus sabe o seu segredo: é o homem.

3

A META

Devemos sempre nos lembrar: estamos aqui para a realização da alma na natureza, para a vitória Divina.

4

FACE DE DEUS

Todas as máscaras deverão cair para que possamos ver a face de Deus.

5

ESSÊNCIA REAL

Toda a vez em que falamos uma mentira, nos afastamos de nossa essência real.

6

LUTAR PELA LIBERTAÇÃO

Somos ainda escravos da ignorância; por isso, é necessário ao homem lutar pela libertação.

7

FONTE DO SOFRIMENTO

Ser servo do ego e das fraquezas é a fonte
de todo o sofrimento.

8

CEGUEIRA

A flor continua a sorrir, o sol continua a
brilhar, e os homens, nos pântanos, sem
nada observar...

9

FÉ QUE ERGUE

Nunca desistas de lutar pelas coisas nas quais tenhas fé. E nunca te esqueças desta fé, pois ela te erguerá nos piores momentos.

10

ETERNOS

Somos eternos como o tempo, infinitos como os números, e vivemos a nos limitar.

11

ÍMÃ DIVINO

Faça de Deus o teu ímã, e não a ignorância.

12

AMPLIAÇÃO DA PERCEPÇÃO

Que mente admite o improvável? Que sentido percebe o invisível?

13

FUTURO MELHOR

Não reclames do teu passado, pois ele foi importante para chegares até aqui. Cuida do teu presente para que tenhas um futuro melhor.

14

POUCA VISÃO

Ver apenas o óbvio é sinal de pouca visão.

15

PERSEVERANÇA

As tentativas transcendem o fracasso.

16

VISLUMBRES

Uma gota de vislumbre do deleite eterno
vale por um oceano de negociações
e esquecimentos.

17

TESOUROS

Guarde em si os tesouros dos vislumbres.

18

VIGILÂNCIA

É necessária uma plena atenção
vigilante e amorosa a serviço do Divino,
se realmente quisermos servi-lo.

19

RETORNO À ESSÊNCIA

Se formos absolutamente sinceros, perceberemos que fazemos coisas que nos afastam de nós, e outras que nos levam mais para perto de nós.

20

TRANSCENDÊNCIA

Não podemos nos libertar da natureza inferior com a própria natureza inferior.

21

ESPIRITUALIDADE

É na simplicidade de um ser que
encontramos os seus segredos.

22

TRANSFORMAÇÃO

Devemos ver por trás de toda a mudança
que fazemos na superfície a necessidade
de uma mudança interior.

23

RECEPTIVIDADE

Esvaziar-se para receber é a
condição primeira.

24

DOMÍNIO

Disciplina é o primeiro passo da
natureza em direção à luz.

25

OPÇÃO

A todo o instante temos que optar:
sermos servos escravizados pelo ego ou
libertos autônomos de Deus.

26

DEBOCHE

A mente cria as dualidades para zombar
da alma.

27

TRANSCENDENDO AS DUALIDADES

Não chame de mal aquilo que machucou
teu ego, nem de bom aquilo
que o alimentou.

28

BENGALA DAS LEIS

Aquele que tem consciência e
sensibilidade não precisa da bengala
das leis.

29

LAPIDAÇÃO

Você não pode assumir uma grande alma com uma natureza emocional, mental e física grosseiras.

30

UNIDADE ESPIRITUAL

Os grandes espíritos não se sentem superiores nem inferiores a ninguém.

31

SINTONIA

Só uma alma sensível pode
perceber outra.

32

SELEÇÃO VIBRATÓRIA

Na terra, tudo é vibração. Selecione,
portanto, as vibrações que tu atrais
para o teu ser.

33

PREGUIÇA

A preguiça é grande amiga da inconsciência.

34

AUTODESTRUIÇÃO

A preguiça nos mata homeopaticamente.

35

PACIÊNCIA

A impaciência nos faz perder as
melhores coisas.

36

SENSIBILIDADE

A tensão nos torna insensíveis.

37

IGUALDADE

Temos que aprender a ser
calmamente ativos.

38

AGITAÇÃO

A agitação incomoda mais o próximo do
que a si mesmo.

39

ESCONDER A PREGUIÇA

Não permita que a preguiça se esconda em alguma parte do teu ser, pois ela te destruirá.

40

INIMIGOS DO PROGRESSO

A preguiça é a maior inimiga do progresso.

41

UNICIDADE

Se percebêssemos que fazemos parte de um grande Todo, quantas idiotices e sofrimentos seriam evitados...

42

AMPLIAÇÃO

Não podemos avaliar o quanto perdemos por não ouvir a essência do próximo.

43

CRESCIMENTO

Para sabermos extrair luz de todas as
situações, temos que viver mais
para isto.

44

PERCEPÇÃO

Quanto mais aspiramos por luz,
mais a percebemos.

45

LAPIDAÇÃO

Se críticas nos atingem, é sinal de que há algum ponto fraco em nós.

46

ESCUDOS DA FÉ

Se a ignorância nos atacar, podemos nos defender com os escudos da fé.

47

FORÇAS HOSTIS

Os fracos são presas fáceis das
forças hostis.

48

FORTALEZA

É realmente forte quem se sente uno
com Deus.

49

FRAQUEZAS

Inconsciência e ignorância são as causas da fraqueza.

50

LIBERTAÇÃO DO PASSADO

Não podemos dar chance ao passado de se perpetuar, senão não teremos futuro.

51

PRESENTE DA ALMA

O subconsciente mantém o passado. A alma abençoa o presente.

52

LAPIDAÇÃO DA TERRA

As forças que impedem a vitória da luz sumirão quando Deus terminar seu trabalho de lapidação na Terra.

53

FALSIDADE RELIGIOSA

Em nome de Deus tenho visto o egoísmo e a escuridão manterem seu reino sobre a Terra.

54

GUERREIROS DA LUZ

Devemos lutar e chorar somente pela vitória da Luz, do Amor e da Verdade na Terra, e não do nosso ego vil.

55

ALVO ESSENCIAL

Você não consegue ver, por trás de suas buscas mais superficiais, algo de essencial se escondendo e lhe atraindo?

56

DESEJO INSATISFATÓRIO

O desejo é uma insatisfação consigo mesmo.

57

A PRISÃO DO DESEJO

O desejo aprisiona e esconde nossa liberdade de alma.

58

LIBERDADE DE ALMA

Uma pessoa inconsciente é movida pelo combustível poluente do desejo, enquanto outra consciente é movida pela vontade livre e deleitosa da alma.

59

PREENCHIMENTO DIVINO

Quando a presença de Deus é sentida, há um preenchimento inconfundível. Da mesma forma que Sua ausência nos dá um vazio inquestionável.

60

BASES

A base do desejo é a ignorância da natureza humana de não perceber os tesouros espirituais.

61

ASPIRAÇÃO ESPIRITUAL

A aspiração amplia o ser, enquanto o desejo o limita.

62

GRANDE ACEITAÇÃO

Tu aceitas todas as formas limitadas dos homens de Te invocarem; porém, o que Tu vês é o coração de quem Te chama.

63

PREENCHENDO A ALMA

O desejo satisfaz a natureza, enquanto a vontade preenche a alma.

64

PERCEPÇÕES DO SER

Quando percebermos que não somos pensamentos, nem emoção, nem matéria, e que estes são instrumentos de nossa essência, quantas bobagens serão evitadas.

65

INSATISFAÇÕES

Como podemos nos satisfazer
interiormente com desejos superficiais?

66

REMÉDIO DOS DESEJOS

O sofrimento é o efeito colateral do
remédio dos desejos.

67

ASSUMIR A LUZ

Na escuridão, assumimos a ignorância
universal e os seus limites. Se formos
viajantes em êxtases transparentes,
penetramos na eternidade e
semeamos o infinito.

68

LIBERDADE — CONHECIMENTO — DELEITE

A maior liberdade é a libertação da sua
consciência. O maior prazer é o deleite de
sua alma. A maior viagem é o
autoconhecimento.

69

CONFIANÇA

Confie: Deus o ama mais do que você a Ele.

70

ENGANO HUMANO

Podes perceber Deus por trás de cada instante que te acontece? Não? Então, tenhas certeza de que estás sendo enganado...

71

PLENA ATENÇÃO

A vigilância é necessária para que a
ignorância não nos engane facilmente.

72

TRABALHOS PARA A ALMA

A alegria no trabalho está em para quem
trabalhamos...

73

EFEITOS DO EGO LIMITADO

O sofrimento é o caldo do ego.

74

PERSISTÊNCIA

Não desanimes com as quedas. Elas apenas nos mostram que o chão não é o nosso lugar.

75

INDIVIDUALIDADE

Encontre Deus em qualquer caminho e
saiba qual o caminho que Ele reservou
exclusivamente para ti.

76

ENTRAVES PARA A EVOLUÇÃO

Nossas concepções e preferências são os
entraves que impedem a nossa evolução
em direção a Deus.

77

ÍMÃ DIVINO

Obrigue Deus a vir até você com sua
aspiração constante e com sua
adoração integral.

78

OBJETIVO

Estamos aqui para realizar a plenitude
de nosso ser.

79

DISSOLUÇÃO DAS TREVAS

Que a luz que habita no âmago de nosso ser possa vir a dissolver as trevas de nossa superfície.

80

ESTABELECIMENTO DA LUZ

Quando estamos na luz, tudo parece ser fácil de realizar. Quando as trevas vêm, nos mostram que temos que merecer o estabelecimento dessa luz.

81

RECEPTIVIDADE DIVINA

É certo que sem a Graça de Deus nada
pode ser feito, mas é certo também que
teu esforço e preparação são
indispensáveis para recebê-lo.

82

BATALHA ESPIRITUAL

Nossa luta não deve ser contra pessoas,
e, sim, contra as forças obscuras que
ainda movem os seres da Terra,
fazendo-os sofrer.

83

APRENDIZADOS DO SER

O sofrimento é um aprendizado do ser,
para que ele busque a
verdadeira felicidade.

84

ALVO CENTRAL

Sofrimento e insatisfação são provas de
que ainda não chegamos ao alvo
de nosso ser.

85

GRANDES APRENDIZADOS

Em vez de nos lamentarmos com os sofrimentos, deveríamos aproveitá-los para grandes aprendizados.

86

BASES FALSAS

Buscar sofrimentos é doença de uma natureza ignorante, pois eles naturalmente vêm até nós, se nos estabelecermos em bases falsas.

87

SOFRIMENTO

Sofrimento é carência de Deus.

88

APRENDER A VIVER

Se *vivêssemos* mais em Deus e para Deus, não sofreríamos tanto.

89

EGO E ALMA

Enquanto a alma dá, o ego pede.
Enquanto a alma agradece,
o ego resmunga.

90

DEFESA PSÍQUICA

Se estivermos perto de nossas almas,
nenhuma magia negra poderá nos vencer.

91

APOIO DIVINO

Sem o apoio do Supremo, como podemos
vencer nossa natureza mais
baixa e ignorante?

92

DEDO DE DEUS

O sofrimento virá sempre para nos
mostrar o quanto estamos longe de
nossas almas.

93

AUXÍLIO À IGNORÂNCIA

A afirmação das quedas, das fraquezas, não te auxilia a transcendê-las.

94

REMÉDIO ESPIRITUAL

A paz é o melhor remédio para todos os males.

95

ARMADILHAS HUMANAS

O pedestal é um passo para a forca.

96

O DESPERTAR DA LUZ

Quando vemos luz no próximo, é sinal que nossa luz começou a brilhar.

97

TRABALHO DIGNO

Todo trabalho é digno e pode te ajudar no teu aperfeiçoamento.

98

ASPIRAÇÃO DIVINA

Persiga Deus em todos os lugares, não o deixe te enganar facilmente.

99

DEVERES E CRESCIMENTO

Obrigação é válida quando está de mãos dadas com o nosso crescimento.

100

RASCUNHOS DIVINOS

A Terra é um rascunho de Deus. Ainda.

101

DESPERTAI

Se adormecer amanhã, espero contar com o despertador de minha alma, ou com os beliscões da vida.

102

UNIDADE DIVINA

Liberta-te, se queres ser livre como Deus. Ama, se queres amar como Deus. Pacifica-te, se queres sentir a paz de Deus. E, finalmente, amplia-te, se queres sentir o infinito de Deus.

103

GRAÇA E ESFORÇO

Teus esforços são indispensáveis, mas o apoio de Deus é imprescindível.

104

O ABSOLUTO

Tudo na vida manifesta é relativo. Só Deus é Absoluto.

105

VENCER FRAQUEZAS

Sem fé em nossas potencialidades, nunca
venceremos as fraquezas.

106

PAIXÃO E AMOR

As paixões são tentativas da natureza
para amar. Quando o Amor chegar,
elas evaporarão...

107

TENTATIVAS DIVINAS

Por trás de toda falha da natureza, está a tentativa de Deus. Concentre-se mais na tentativa e menos na falha.

108

PENSAMENTOS DIVINOS

Pensemos mais no divino, se quisermos que Ele fique entre nós.

109

RAZÃO DO SOFRIMENTO

Devemos parar com o vício de pensar demais em nós. Esta é a razão de sofrermos tanto.

110

AUXÍLIO SEM CONTAMINAÇÃO

Temos que ser fortes na Luz para auxiliar o próximo, sem nos deixar envolver pelo manto da escuridão que envolve a vítima.

111

A VÍTIMA

Por trás de toda vítima há sempre um ego ferido.

112

COMPACTUAR COM A IGNORÂNCIA

A mente tem que se convencer totalmente, para não admitir mais compactuar com a ignorância.

113

INICIAÇÕES

Para o iniciante, livrar-se da dor é o obstáculo. Para o caminhante, livrar-se do prazer que escraviza é uma imensa muralha que represa o oceano de deleites...

114

PRÓXIMO A DEUS

Estar perto de Deus é estar perto da paz, pois o ego não tem paz.

115

CANDIDATOS AO SOFRIMENTO

Um grande ego é sempre candidato a um grande sofrimento.

116

SOLUÇÃO DOS MALES

Tua paz é a solução para todos os males da Terra.

117

IMAGENS FALSAS

Sofremos por imagens que tentamos vender de nós mesmos, em vez de nos abraçarmos e crescermos na dura, fria e libertadora realidade.

118

BARCO DIVINO

A natureza é o barco de Deus, no qual Ele nos coloca para navegar no oceano de Sua eternidade.

119

AUSÊNCIA

Sem Ti somos sombras à procura de Luz.

120

RECEPTIVIDADE

Como podemos ter a pretensão de querer receber o Divino, com tanta petulância e grosseria ainda reinantes na natureza?

121

CRESCER POR FORA E POR DENTRO

Quando lutamos contra uma obscuridade fora, conquistamos uma obscuridade em nossas naturezas.

122

EVOLUÇÃO TERRESTRE

Quando vencemos alguma obscuridade em nós, algo é conquistado também na natureza da Terra.

123

ABRIR-SE E FECHAR-SE

Quando o ego vem, o Senhor se esconde.
Quando o ego vai, o Senhor aparece.

124

DORES INVISÍVEIS

A dor do ego é muito pior do que a
dor física.

125

VITÓRIA DIVINA

O ego nasceu da Tua ausência e vai
desaparecer na Tua presença, Senhor.

126

SABEDORIA DA ALMA

Os homens ignorantes pensam que
tirando o ego do pavão a beleza de suas
penas não mais existirá.

127

DISSOLUÇÃO DAS DORES

Uma oração sincera e ardorosa dissolve
mais rapidamente as dores do que todas
as técnicas mentais possíveis.

128

PALAVRAS INÚTEIS

Pronunciar uma palavra na escuridão da
ignorância é como escrever com uma
caneta sem carga.

129

TOTALIDADE DIVINA

Quando somos parciais, perdemos a totalidade de Deus.

130

PERCEPÇÃO DA GRAÇA

Devemos parar de ingratidão, reclamações e queixas, se quisermos perceber a graça de Deus.

131

PURIFICAÇÕES DO SER

Passamos por dias cinzentos para
valorizarmos os dias dourados.

132

ATRAÇÃO E RECEPTIVIDADE

Como podemos manter nossa consciência
receptiva às Alturas, se estamos ainda
tão atraídos pelos abismos?

133

SINCERIDADE

Fidelidade a Deus é a mais
alta sinceridade.

134

QUALIDADES DIVINAS

Quando somos verdadeiros, chegamos perto de
Deus, pois Deus é Verdade. Quando somos
mais amorosos, chegamos mais perto de Deus,
pois Deus é Amor. Quando somos pacíficos,
chegamos mais perto Dele, pois Ele é Paz.
Quando nos sentimos mais livres, chegamos
mais perto de Deus, pois Deus é Liberdade.

135

ARMADILHAS DIVINAS

As armadilhas de Deus são maravilhosas,
e, no fim, percebemos que Ele era o
grande e eterno caçador de almas...

136

A FORÇA DA ILUSÃO

É muito mais fácil se perder do
que se encontrar.

137

BATALHAS E VITÓRIAS

A nossa vida deve ser uma batalha contra a escuridão da inconsciência, para a vitória da Divina Consciência.

138

MERECIMENTO ESPIRITUAL

Temos que limpar nossa casa para recebermos o eterno visitante, para que, um dia, Ele não precise ir mais embora e fique conosco para sempre.

139

OPÇÃO

Vivemos uma guerra constante entre luz
e sombra e, a cada instante, temos que
escolher de que lado estamos.

140

VITÓRIA DA ALMA

Quando em ti vences uma batalha,
percebes a vitória Divina.
Quando em ti perdes uma batalha,
percebes o anunciamento de
uma grande vitória Divina...

141

A MISÉRIA DO EGO

O ego é uma preocupação com a imagem que vendemos de nós e que nos empobrece.

142

ENTRAVES

Vaidade e preconceito têm sido um entrave do progresso.

143

DIREÇÃO ERRADA

Morre-se pelo ego, sofre-se pelo ego, luta-se pelo ego e, depois, reclamamos da falta de felicidade...

144

DESMORONAMENTO FAMILIAR

A mentira tem sido a base das famílias e da sociedade. Por isso, elas desmoronam com tanta facilidade.

145

O VÉU DA MORTE

A morte é a última tentativa da
ignorância para nos afastar
de nós mesmos.

146

TEATRO DA MORTE

A morte ainda é o grande cenário da
ignorância e da falsidade. Quando a
verdade de Deus se estabelecer, o teatro
da morte será fechado.

147

DOR DA MORTE

A morte nos dói tanto porque ainda somos materialistas demais, egoístas demais e fracos espiritualmente.

148

SABER OUVIR — SABER FALAR

As pessoas discutem demais porque não sabem ouvir, não sabem calar, não sabem falar.

149

NOSSA MEDIDA

As dificuldades estão sempre na medida
de nossas potencialidades.

150

VÉU DE MAYA

Há apenas um véu de ignorância que nos
separa de nós mesmos.

151

IMPORTÂNCIA DA SABEDORIA

Se os homens compreendessem mais, julgariam menos.

152

ENTREGA A DEUS

Deus não pode ser imposto, e, sim, uma doação espontânea.

153

ACREDITAR NA DIVINDADE

Quantos realmente acreditariam se eu dissesse que são deuses despertantes?

154

CULTO À MENTE

Os homens atuais cultuam a mente como se ela fosse Deus e, depois, sofrem com dores de cabeça inexplicáveis.

155

UM INFINITO

Tupã falou com Krishna, Buddha, Alah, Zen, Cristo, Absoluto, Zeus, Deus que somos Um Infinito...

156

VERDADEIRO CAMINHO

Todo o caminho que não nos liberte das garras da ignorância, não é um caminho, é uma prisão. Todo caminho que não nos livre do sofrimento, não é um caminho, é um entrave. Todo caminho que não nos leve a Deus, não é um caminho
, é uma cilada.

157

MUDANÇA ESPIRITUAL

Só o espírito pode trazer mudanças verdadeiras no esquematizado tabuleiro da natureza.

158

NÓS DA NATUREZA

A natureza está atada ao jogo universal, onde só o espírito tem a chave da libertação.

159

A ARMADILHA DO PRAZER

O prazer é uma grande armadilha, pois esconde, ainda, o deleite de Deus.

160

PODER DA ORAÇÃO

A oração é uma grande arma contra a petulância mental.

161

CONSCIÊNCIA DE UNIDADE

Enquanto não sentirmos que nós e o próximo fazemos parte de Deus, como poderemos construir um mundo melhor?

162

PODER VITAL

A mente só é poderosa graças à energia que está por trás dela.

163

OS LIMITES DA RAZÃO

Se a razão fosse o ápice, o homem não
estaria tão amargurado.

164

POTENCIALIDADES

Nossas fraquezas escondem
potencialidades latentes.

165

PETULÂNCIA DA RAZÃO

A razão só é problema quando se mete em campos que não são os dela...

166

FACILIDADES DA IGNORÂNCIA

Ser medíocre, bruto, vulgar e grosseiro é a coisa mais fácil.

167

VACINA DO AMOR

O ego exala veneno. Sejamos imunes com
a vacina da alma.

168

VERDADEIRA AJUDA

Desperte! Pois, naturalmente, o teu
despertar ajudará a Terra a sair
do seu sono.

169

O ETERNO MOMENTO

Não desperdice o seu tempo. Ele é a
pérola que Deus colocou em seu peito
para a sua realização.

170

REALIZAR NO MUNDO

É na vida e no mundo que provamos
nosso amor e nossa dedicação.

171

GRAÇA SALVADORA

Só a Graça do alto pode nos salvar,
quando a mente e as emoções se juntam
contra a luz da alma.

172

PRISÃO E SOFRIMENTO

Se tu serves apenas ao limitado, como
podes reclamar de tua prisão
e sofrimento?

173

MUNDO ATUAL

As forças que têm guiado os homens não podem ser luminosas. Senão, o mundo estaria melhor.

174

PENSAMENTOS E SENSAÇÕES

Como estamos ainda cheios de informações e sensações, não há lugar para paz, amor e unidade.

175

MENTIRA E COVARDIA

Por trás de toda a mentira, há sempre um covarde.

176

UNIDADE E CONSCIÊNCIA

O Eu superficial será dissolvido quando se perceber uno com o Eu universal.

177

META DO SER

Fomos criados para viver a plenitude de Deus.

178

AUXÍLIOS E ENTRAVES

O Eu da natureza é útil para a natureza, porém, é insuficiente como alimento da alma.

179

ASAS DO SER

O que está bem dentro e bem no alto são
os alcances de nossas possibilidades.
Limitar nossas vidas a uma
superficialidade estéril e carente é
abater as asas de nosso ser.

180

ALÉM DAS PALAVRAS

A Verdade não deve ser uma palavra,
mas uma experiência concreta,
real e atingível.

181

EGO E VIOLÊNCIA

Enquanto houver ego, haverá violência entre os homens.

182

TRANSCENDENDO AS PALAVRAS

As palavras são o meio e não o fim; se as palavras em si forem o fim, esqueça.

183

IMPORTÂNCIA DA PAZ

Os frutos da violência são
sempre amargos.

184

FÉ E CORAGEM

A medida da tua coragem é a medida
da tua fé.

185

SEGREDO DOS SEGREDOS

Saber manter o nosso Senhor perto de nós
é o segredo dos segredos.

186

RENOVAÇÃO DO SER

Destruição não é necessariamente
sinônimo de *violência*, pois nem sempre
por trás dela há o impulso do ego.

187

ATRAÇÃO DIVINA

Deus é atraído por amor verdadeiro e
aspiração sincera.

188

IMPORTÂNCIA DA DESTRUIÇÃO

Temos que aprender a destruir para
podermos evoluir.

189

CONQUISTA DIVINA

Ele é conquistado na sede de teu coração e
escapa das redes de teu egoísmo.

190

VERDADEIRA DESTRUIÇÃO

A destruição deve ser consciente e amorosa, para termos o apoio de Deus.

191

ALÉM DA SUPERFÍCIE

Tu és a fonte de todas as coisas. Que possamos sair da margem e penetrar na fonte.

192

OPORTUNIDADES ESPIRITUAIS

A cada instante que passamos, temos a oportunidade de transcender o ego.

193

SABER VIVER

De todas as ocasiões, deveríamos beber o néctar de Deus, em vez do veneno do ego.

194

BRIGAS E RELIGIÕES

Tu aceitas todas as formas de chegar a Ti
e de Te chamar. Por que brigamos
tanto sobre isso?

195

AUTO-EDUCAÇÃO

Precisamos nos reeducar, se quisermos
educar o próximo.

196

PODER DA ASPIRAÇÃO

Sem aspiração não vamos além da superfície.

197

AFIRMAÇÕES DA LUZ

Julgar a nós mesmos é mais importante do que julgar ao próximo. Porém, afirmar a luz em si e no próximo é mais útil para todos.

198

EXEMPLOS E POSSIBILIDADES

Quando alguém voa, auxilia muitos a voar, pelo seu exemplo e possibilidade.

199

FOME DO EGO

O ego precisa sempre de alimento, pois ele é passageiro.

200

DEPRECIAÇÃO DA INVEJA

A inveja nos desmerece.

201

RECEITAS DA SABEDORIA

Saber fazer a hora e esperar o momento certo são receitas perdidas da sabedoria.

202

FIDELIDADE ESSENCIAL

Sigamos nossa essência e não nossa
superfície tateante.

203

PODER DAS PROFUNDEZAS

Só nossas profundezas nos conduzirão às
nossas alturas.

204

POUCA FÉ

Esmorecer nas dificuldades é
demonstração de pouca fé.

205

PODER DA ALMA

Enquanto a mente julga, a alma
compreende e ama.

206

IMPORTÂNCIA DA VIGILÂNCIA

Sejamos vigilantes para sabermos a cada instante a quem estamos servindo.

207

RIGIDEZ DA MATÉRIA

A morte ainda não foi conquistada, porque a matéria ainda não acompanha a leveza e plasticidade da alma.

208

POTÊNCIA DA ALMA

Se quisermos saber a potência de uma alma, sintamos a sua capacidade de amar e de compreender.

209

REINO DO AMOR

O reino do Amor virá quando a alma reinar na natureza.

210

REFLEXO DIVINO

A superfície de nosso ser deve ser tão transparente quanto sua fonte. Só assim uma refletirá a face da outra.

211

DEFESA DA CHAMA

Devemos descobrir e eliminar as coisas que apagam a chama da nossa aspiração.

212

PERCEPÇÕES DO SER

Quando percebemos os Teus simples
milagres, percebemos o milagre
que somos.

213

VENCER OBSCURIDADES

Nunca conseguiremos vencer as
obscuridades com obscuridades.

214

EXERCÍCIOS DA ALMA

A força da luz da alma está sempre ai.
Temos que aprender a usá-la
constantemente.

215

PASSOS PARA TRANSCENDÊNCIA

Não tenta traçar mentalmente e com
rigidez teu caminho até a transcendência.
Permita que tua alma e o Supremo guiem
teus passos na surpresa de cada momento.

216

IMPORTÂNCIA DA INSPIRAÇÃO

Permita, Senhor, que a cada instante
tenhamos mais inspiração para
nossa transpiração.

217

MALANDRAGEM HUMANA

O maior dos malandros não conseguirá
enganar Deus.

218

PERMISSÃO DIVINA

Deus permite que as forças da ignorância atuem contra o homem para que a alma dele lute, vença e desperte.

219

FÉ EM DEUS

Ter fé em Deus é ter fé em sua essência.

220

SER A FÉ

Quando vivermos totalmente na luz e
na verdade, não teremos mais
necessidade da fé.

221

GUIANÇAS ERRADAS

Agimos e servimos influenciados por
obscuridades e ignorâncias, e, depois,
reclamamos de sofrimentos
e insatisfações.

222

PROGRESSO E VITÓRIA

Progresso é sempre prova da vitória da consciência sobre a inconsciência.

223

A CONSCIÊNCIA

A consciência é como um viajante que passeia pelo universo criado. Onde ele estiver, estaremos nós.

224

LAPIDAÇÃO E ASCENSÃO

Para nos manter nos níveis superiores de
consciência, temos que lapidar o nosso
ser inferior.

225

A FALSA ESPIRITUALIDADE

Viver para agradar a ignorância do
próximo não é sinal de espiritualidade.

226

COMPREENSÃO

Se não somos capazes de compreender a ignorância alheia, é sinal de que não somos tão sábios.

227

A DEFESA DO AMOR

O amor verdadeiro é o maior antídoto contra feitiços e bruxarias. Se não temos o amor, seguramos os patuás.

228

PRESA FÁCIL

A natureza desconectada de sua alma é
presa fácil para as forças hostis.

229

PROTEÇÃO DIVINA

Se *vivemos* em Deus, com Deus e para
Deus, que feitiço podemos temer?

230

GRAÇA LIBERTADORA

Tua Graça age sempre para desfazer as
nuvens da ignorância.

231

ESFORÇOS E PREPARAÇÕES

Para o amor se estabelecer triunfante na
Terra, quantos esforços e preparações
são necessários?

232

AVANÇO DA ALMA

Quando a natureza se cansa do jogo da superfície, é o momento do avanço da alma.

233

CANÇÃO DA ALMA

Gratidão é a canção eterna da alma.

234

IMPORTÂNCIA DO SILÊNCIO

É no silêncio que encontramos nossas melhores respostas.

235

SABER SORRIR

Quando a escuridão da ignorância vier te atacar, não reclama. Sorria calmamente e cresça em direção ao sol do conhecimento.

236

APRENDIZADO DO BUSCADOR

Aprender a não cair mais é a meta dos que caminham.

237

AMOR VERDADEIRO

O verdadeiro amor traz paz, liberdade e deleite.

238

O SER NO AMOR

O verdadeiro amor preenche todo o ser em si mesmo.

239

SABER USAR O TEMPO

Tempo é uma questão de prioridade. Se não temos tempo para nós mesmos, é porque ainda não nos merecemos.

240

SENTINDO A SUPERFÍCIE

Sem o essencial, a superfície não
faz sentido.

241

PREPARAÇÕES

Quantas preparações são necessárias
para a realização das nossas
potencialidades?

242

ULTRAPASSANDO DIFICULDADES

Que nos momentos difíceis percamos tudo, menos a fé de ultrapassá-los.

243

CUIDADOS NO CAMINHO

Cuidado: os pesadelos de Deus são excitantes; os sonhos de Deus são embriagantes; mas a realidade de Deus é transcendente.

244

PEQUENAS DIFICULDADES

Não podemos chegar às grandes
realizações se não conquistamos
as pequenas.

245

CONQUISTAR O PASSADO

Para darmos um passo para a frente,
temos que conquistar os passos que
ficaram para trás.

246

PASSOS PARA REALIZAÇÃO

Se vencermos a preguiça, daremos o primeiro passo. Se vencermos as impaciências, daremos o segundo. Se vencermos o desejo, conquistaremos o terceiro passo. Se formos vencidos pela alma, o vôo continuará.

247

VENCER DIFICULDADES

Não fuja das dificuldades. Elas lhe perseguirão incessantemente até que um dia sejam conquistadas e você evolua.

248

ESPELHO DE SI

É mais fácil ver no próximo os
nossos defeitos.

249

O SENTIDO DO AMOR

Com amor, tudo faz sentido.

250

APRENDER E CRESCER

Não se puna com as falhas da natureza e nem acoberte os seus erros.
Aprenda e cresça.

251

ATACANDO COM A SINCERIDADE

Sinceridade é um grande poder que nos leva a Deus. Mas não faças dela uma arma de teu ego para atingir os outros.

252

DESCOBERTA DA CRIATIVIDADE

O novo está sempre dentro de cada ser.

253

CHEGADA DE DEUS

Quando a oração começa a chegar em nosso ser, espontaneamente, é sinal de que Deus está chegando.

254

CHEGADA DA LUZ

Quando a Tua paz começar a reinar sobre a Terra, o ego não será mais a nossa consciência guia, o nosso todo-poderoso...

255

AUTOPURIFICAÇÃO

Temos que nos purificar, antes de querermos purificar o próximo.

256

IMPORTÂNCIA DO EQUILÍBRIO

Se não podemos nos realizar na luz de nossa alma, que pelo menos nos equilibremos na superfície da natureza.

257

SABER TRABALHAR

Se colocássemos mais luz no trabalho que fazemos, não nos cansaríamos tanto.

258

SER UNO

Ser Eu em plenitude é ser Tu em unidade.

259

QUEDA E ASCENSÃO

Após todas as quedas da natureza, existe a possibilidade verdadeira de ascensão da alma.

260

PERMISSÃO DA NATUREZA

Deixemo-nos ser guiados
pela consciência.

261

FORÇAS INVISÍVEIS

Devemos aprender a lutar com a luz da
alma e da consciência no plano astral e
não com a força física.

262

MELHOR RELIGIÃO

Aprender sempre, crescer sempre. Esta é a melhor religião.

263

NOSSOS LIMITES

O ego é a medida de nossa limitação.

264

LIBERTAR PARA DESFRUTAR

Temos que nos libertar de nossos
condicionamentos, se quisermos desfrutar
do todo de nossas almas.

265

PLENITUDE DA ESSÊNCIA

A natureza não será plena enquanto não
viver a plenitude de sua essência.

266

DENTRO E ALTO

Que nossas profundezas nos elevem às
nossas alturas.

267

ÍMÃS DIVINOS

Aspiração, abertura e receptividade são
os grandes ímãs que Deus nos deu
para atraí-lo.

268

DORES DO EGO

O ego detesta duas coisas: ser contrariado
e ser criticado.

269

IMPORTÂNCIA DA TENTATIVA

É preferível arriscar-se vivendo no
perigo fértil do que na segurança estéril.

270

PROTEÇÃO DA LUZ

Que nossa gotinha de luz seja nosso guia,
nossa proteção.

271

MEDO DE MORRER

A fé de que somos eternos em essência,
acaba com o medo da morte.

272

NOSSAS MEDIDAS

A medida de nossas dificuldades
acompanha a medida de
nossas resistências.

273

ASSUMINDO A PUREZA

A fé que somos puros essencialmente
acaba com as impurezas da superfície.

274

ASSUMINDO A LUZ

A fé que somos luz vence todas
as trevas.

275

EVOLUÇÃO E APROFUNDAMENTO

Quanto mais evoluimos, mais nos
elevamos e mais nos aprofundamos
na Verdade.

276

ETERNA FELICIDADE

Quanto mais vivemos em Deus, menos sofremos, pois Tu és a eterna felicidade.

277

ALÉM DAS MÁSCARAS

Busque a Verdade somente e a encontrará, mesmo por trás das máscaras da mentira.

278

O PODER DO PENSAMENTO

É porque pensamos demais na ignorância e obscuridades que nos tornamos tão ignorantes e tão obscuros.

279

PODER DA ASPIRAÇÃO

Aqueles que sinceramente te buscam, Senhor, vão te encontrar. Não importam as trilhas que seguem.

280

DISSOLUÇÃO DAS RESISTÊNCIAS

São as resistências da natureza que nos impedem de nos deleitarmos com o nosso espírito fluídico.

281

RECEITA DIVINA

A Divindade é o forno que purifica e molda a massa do bolo do nosso ser.

282

META HUMANA

Assumir a essência deveria ser a meta de toda a humanidade.

283

DESPREPARO

A fuga de um obstáculo é sinal de nosso despreparo.

284

DESAMOR E SACRIFÍCIO

Qualquer sinal de sacrifício é sinal de desamor.

285

PAIXÕES QUE APRISIONAM

Somos amantes da ignorância e queremos casar com o conhecimento.

286

VERDADEIRA UNIÃO

O verdadeiro encontro se dá na luz e na paz de Deus; fora disso, são desencontros e tentativas.

287

CERTEZA DO ENCONTRO

Se estamos abertos exclusivamente a ti, por que não encontrá-lo, Senhor?

288

RESULTADOS DA IGNORÂNCIA

Somos servos da ignorância e recebemos
como contribuição o sofrimento.

289

PAIXÕES DA NATUREZA

Enquanto estivermos apaixonados pela
Natureza Universal, a Alma Universal
não será vista nem servida.

290

IMPORTÂNCIA DA ASPIRAÇÃO

A *aspiração* é mais importante do que as técnicas.

291

TRANSCENDENDO OS CONCEITOS

A *fé* transcende os conceitos.

292

TRANSFORMAÇÃO

A lapidação é sempre da superfície, pois o
que tu és em essência já te
conduz à iluminação.

293

INFINITA SALVAÇÃO

As armadilhas da ignorância são muitas,
mas a graça que nos salva é infinita.

294

AGARRA-SE NA FÉ

Perca tudo, menos a fé.

295

LIBERDADE ETERNA

Tu nos dá, com tua liberdade, a liberdade
de te querer ou não.

296

FÉ REMOVE MONTANHAS

Com fé em nossas potencialidades e na essência delas tudo é possível.

297

FÉ E PERSEVERANÇA

Como podemos chegar a nossa fé sem o alicerce da Perseverança?

298

FOME ESPIRITUAL

Seus tira-gostos são maravilhosos,
Senhor, mas, por favor, traga seu
banquete para saciar nossa
fome espiritual.

299

ARMAS DO GUERREIRO ESPIRITUAL

Fé, Vigilância e Aspiração são as
principais armas de um guerreiro
de verdade.

300

ASSUMIR O EU VERDADEIRO

Que assumamos cada dia mais nossa
Divindade Essencial.

301

TESTES DA FÉ

Todas as dificuldades são testes para
nossa Fé.

302

PODER DA CONSCIÊNCIA

As percepções são superiores aos pensamentos.

303

O PROBLEMA DA IDENTIFICAÇÃO

O problema é que nos identificamos demais com os nossos defeitos e de menos com a nossa divindade.

304

FÉ NO TRIUNFO FINAL

Tenha fé que apesar das dificuldades a verdade essencial triunfará um dia.

305

QUEM É O SUPREMO

Aquele que é além de todas as coisas criadas, chamo de Supremo.

306

PERCEPÇÕES DA DIVINDADE

Olhamos demais para os espinhos e não admiramos a beleza da rosa.

307

MUDANÇA NO DESTINO

Se você tivesse mais fé, seu destino seria outro.

308

O QUE NOS ACOMPANHA

Enquanto Deus for necessário, a dor será
o nosso principal acompanhante.

309

IMPEDIMENTOS RACIONAIS

A razão cética impede o bater das asas de
nossa imaginação.

310

MANTER-SE EM DEUS

O pensamento é incapaz de sustentar
Deus; mantenha-o em seu coração.

311

DESCULPAS ESFARRAPADAS

Nada deveria ser desculpa para nos
afastarmos de nossa essência.

312

VITÓRIA DO ESPÍRITO

Apesar das resistências, o espírito
sempre vencerá.

313

INTUIÇÃO E FÉ

A fé é uma intuição que vem de
nossa essência.

314

RUMO AO NOVO SER

Uma nova consciência deverá moldar os passos humanos.

315

FARSA ESPIRITUAL

O silêncio da força espiritual acalma as tempestades da natureza.

316

BASES DE FÉ

Fé na mente. Fé na vida. Fé na saúde. Fé
no caminho. Fé no Mestre. Fé em Deus.

317

POTÊNCIA DE REALIZAÇÃO

Fé é a nossa potência de realização das
verdades essenciais.

318

MELHORES CAMINHOS

Os melhores caminhos para Deus são os que dissolvem a petulância da natureza.

319

SIMPLICIDADE DA ENTREGA

Mais importante do que a vaidade do esforço é a simplicidade da entrega.

320

AFASTAMENTO DE NÓS

Quanto mais nos afastamos da nossa essência, mais afastados da fé ficamos.

321

SUSPIROS DA ALMA

A graça divina é sempre resultado dos suspiros da alma pela eternidade.

322

VERDADEIRA PURIFICAÇÃO

A verdadeira purificação é feita por nossa pureza original.

323

SEM FÉ

Quem não tem fé em si mesmo não consegue viver. Quem não tem fé em Deus não consegue ser feliz.

324

ENTRAVES DA NATUREZA

A vaidade da natureza é o maior
entrave para encontrarmos a
simplicidade do espírito.

325

GUIANÇA LUMINOSA

Que sejamos guiados por Tua luz e não
mais pelas trevas.

326

PERSEVERANÇA

As tentativas transcendem o fracasso.

327

TRABALHO DO BUSCADOR

Muitos que acham que Te querem não se
dão ao trabalho de Te procurar.

328

MERECIMENTO ESPIRITUAL

Muitos que acham que Te merecem não se dão ao trabalho de se tornar merecedores.

329

DIFICULDADES NO CAMINHO

Apesar das ilhas de dificuldades, o oceano de Deus nos espera para nosso mergulho.

330

ULTRAPASSAR OS LIMITES

Ultrapassar os moldes humanos para beijarmos a alma de Deus.

331

ENTREGA A DEUS

Tu sabes melhor do que nós como nos levar a Ti.

332

IMPORTÂNCIA DO CRESCIMENTO ESPIRITUAL

*Se não nos elevarmos, estaremos sempre
à mercê das rasteiras da vida.*

333

OPÇÕES PARA O CRESCIMENTO

*Deus nos dá muitas opções para
crescermos, devemos saber escolher
a que queremos.*

334

ÍMÃ ESPIRITUAL

Nós caminhamos sempre na direção
da nossa fé.

335

MANUTENÇÃO DA CONSCIÊNCIA

Manter a consciência nos níveis
superiores é merecê-la.

336

BOM GOSTO

Bom gosto é necessário para
um bem-viver.

337

LIBERTAÇÃO DO SOFRIMENTO

Somente quando nos cansamos de sofrer é
que aspiramos por felicidade.

338

FÉ NO CAMINHO

A fé é indispensável para atingirmos nossas metas.

339

LIMITES DO EGO

O ego nos faz sofrer porque ele é pequeno e limitado.

340

LIBERTAÇÃO DA MEDIOCRIDADE

Livrar-se das mediocridades é o primeiro passo para quem quer se erguer.

341

BARCOS À DERIVA

Sem a fé, somos barcos à deriva.

342

DISCIPLINA SUPERFICIAL

A disciplina que não nos leva à libertação do ego e das ignorâncias das obscuridades e do sofrimento é estéril.

343

CANAIS DE DEUS

Que sejamos teus canais e não teus entraves.

344

PROJETO DE HOMEM

O homem que não realiza aquilo que acredita é um projeto de homem.

345

RECEPTIVIDADE E NECESSIDADE

Recebemos sempre a medida de nossas necessidades.

346

SOMBRAS DA ALMA

A natureza humana ainda é uma sombra da alma divina.

347

FÉ E DESCULPAS

Não faças da tua fé uma desculpa para tuas fraquezas.

348

CAMINHO COM FÉ

A fé é indispensável para nos manter
no caminho.

349

FÉ QUE CONDUZ

Não importam os obstáculos, a fé sempre
nos conduzirá ao alvo.

350

ENTRAVES DO BUSCADOR

Falta de fé, petulância e acomodação da Natureza.

351

RECONHECIMENTO DO AMOR

O teu amor é imensurável, está sempre presente, mesmo que não Te reconheçamos.

352

PERDA DO NÉCTAR

Nos preocupamos demais com a casca,
por isso, perdemos o néctar.

353

TESTE DA FÉ

É nos momentos difíceis que testamos
nossa fé.

354

CUIDADO COM O QUE PENSAS

O que pensamos sempre nos acompanha.

355

PURIFICAÇÃO E ABERTURA

Banhe-se para receber o amigo que nunca te abandona.

356

VALORIZAÇÃO DO SER

O nosso valor depende de nossa entrega
ao Divino.

357

ESCUDOS DA FÉ

Se você tem fé em Deus, o que pode
lhe derrubar?

358

ULTRAPASSAR AS DIFICULDADES

Como é fácil ultrapassar as dificuldades
com teu apoio!

359

FÉ FORTALEZA

Quem tem fé em Deus não teme os *vivos*
e nem os mortos.

360

FÉ E MEDO

A fé remove montanhas, o medo nos faz cair no abismo.

361

CAMINHO DA FÉ

A fé nos leva sempre à experiência.

362

CIDADE DA FÉ

Andamos sempre na estrada de nossas crenças para descansar na Cidade da Fé.

363

BOAS COMPANHIAS

Fique sempre perto das pessoas que têm fé e elas te contagiarão.

364

FÉ E DÚVIDA

Faze tudo por tua fé e nada faças pela dúvida.

365

CORAGEM DA NATUREZA

Até para errar temos que ter coragem.

Bacharel em Direito pela Faculdade Cândido Mendes.

Cursos de formação em Yoga pela Universidade Federal de Uberlândia; PUC de São Paulo; Universidade de Santa Catarina.

Esteve na Índia em viagem de estudos e aprofundamento. Manteve contato com os yogues do Himalaia, e com mestres contemporâneos, como Krishnananda, Brahmananda, Dayananda e Vishnudevanda.

Foi no sul da Índia, no Sri Aurobindo Ashram, que trabalhou, estudou profundamente e recebeu a sua iniciação no Purna Yoga, que atualmente divulga em seu Centro Cultural, no Rio de Janeiro, e cujo trabalho expande por todo o Brasil.

A Comissão Literária da Associação Nacional de Yoga Integral recomenda a leitura desta obra.

Impressão e Acabamento GRÁFICA LIDADOR LTDA.
Rua Hilário Ribeiro, 154 - Pça da Bandeira - RJ
Tel.: (21) 2569-0594 • Fax: (21) 2204-0684
e-mail: lidador@terra.com.br